DISCOURS

PRONONCÉ

A L'OCCASION DE LA LOI CONTRE LES ASSOCIATIONS.

DISCOURS

PRONONCÉ A PARIS

DANS UNE SOCIÉTÉ D'HOMMES DE BIEN ET DU PROGRÈS,

A L'OCCASION DE LA LOI CONTRE LES ASSOCIATIONS.

Par Ferdinand Guillon,

DOCTEUR EZ-SCIENCES,
MEMBRE CORRESPONDANT DE PLUSIEURS SOCIÉTÉS SAVANTES
ET DE PLUSIEURS SOCIÉTÉS LITTÉRAIRES, ETC.

Publié par cette Société.

LYON.

IMPRIMERIE TYPOGRAPHIQUE ET LITHOGRAPHIQUE

DE LOUIS PERRIN.

1834.

DISCOURS

PRONONCÉ

DANS UNE SOCIÉTÉ D'HOMMES DE BIEN

ET DU PROGRÈS,

A L'OCCASION DE LA LOI CONTRE LES ASSOCIATIONS.

MESSIEURS,

Une prévention fâcheuse poursuit la plupart des Membres de notre Société ; c'est pour nous tous un devoir d'effacer cette impression, produite par des insinuations qui l'offensent, en prouvant à ceux du dehors que la loi nouvelle ne doit pas nous atteindre, et en nous persuadant à nous-mêmes que nos craintes n'ont pas de motifs appréciables.

Je laisse à des bouches plus savantes que la mienne le soin d'instruire et de réformer : je veux seulement rassurer vos esprits timorés par les circonstances, et vous faire prendre une confiance sans bornes, une assurance entière, dans le but de votre Institution.

Pour cela, je vais commencer par parler de l'esprit et du caractère moral de votre Société, en fesant un tableau comparatif de nos mœurs et de celles des Sociétés purement politiques. Je rappellerai ensuite le but de cette société, puis les moyens qu'elle emploie pour atteindre ce but; je dirai aussi quels sont ses principaux caractères. Je chercherai dans l'institution des Sociétés philanthropiques des premiers âges des preuves de l'utilité de la nôtre; enfin, je terminerai en traçant l'historique abrégé de vos travaux.

L'entreprise est peut-être au dessus de mes forces; aussi je vois votre juste étonnement, et moi je sens mon incapacité; mais ce qui me rassure et me donne du courage, c'est votre bienveillance qui vous porte à encourager plutôt qu'à juger avec rigueur, et l'aveu que je fais de n'avoir aucune prétention. Jeune encore, puis-je donner de l'instruction à ceux qui savent beaucoup de choses et qui les savent bien? Je leur demanderai des lumières, bien loin de leur en offrir. Pénétré de cette maxime, que « l'homme le plus sage est celui dont on parle le moins », je ne prétends pas non plus ni me signaler, ni chercher à m'attirer de votre part une attention que vous accordez à bien plus juste titre à beaucoup d'autres d'entre nous ici présents.

Tout ce que je veux, c'est de m'acquitter de la dette que vous êtes en droit d'attendre, c'est de fournir mon contingent, afin que vous jugiez si, en me recevant au milieu de vous, vous avez bien ou mal placé votre bienfait.

Oui, Messieurs, moi aussi je suis jaloux de joindre mes efforts aux vôtres; de rivaliser, non, je me trompe, mais de travailler, sinon aussi bien que vous, du moins selon mes moyens, au *progrès*, c'est-à-dire au bonheur et à la gloire du peuple.

Vous, Messieurs, à qui je serai trop heureux de plaire, puisque ma tâche sera remplie, daignez encourager par vos bontés et votre indulgence, comme vous le faites par votre exemple, celui qui fait tous ses efforts pour vous imiter; il espèrera alors se soutenir dans une route trop raboteuse pour que sans support il puisse y marcher droit.

Que notre réunion est paisible, Messieurs! et comment ne pas en faire la remarque, lorsqu'on s'associe par ses vœux ou ses craintes aux agitations d'autres assemblées plus éclatantes auxquelles vous craigniez d'être assimilés dans la proscription nouvelle? Là, les orages se succèdent, tout dissentiment est un combat; ici toute discussion amène assentiment, toute controverse prépare un lien, toute résistance est un moyen de concorde.

Une telle différence ne vient pas des hommes,

elle provient des choses. Ceux qui composent les assemblées dont je parle, transportés ici, seraient comme nous calmes et attentifs; et nous, sur les bancs qu'ils occupent, nous serions loin d'avoir, comme ici, l'ame bienveillante et paisible.

C'est donc uniquement la différence des sujets qui sont traités là et ici, qui fait la différence des deux sortes d'assemblées. Là, tous les intérêts de l'existence sociale sont jetés confusément dans une sorte de fournaise qui les met en incandescence, en attendant qu'elle les élabore. Ici, il n'y a ni rivalités de situation, ni collisions d'amour-propre; toutes nos passions restent en dehors de l'enceinte; nous nous assemblons avec le désir de nous entendre, et non avec l'intention de disputer...... Les autres sont des assemblées toutes politiques, toutes de passions : elles sont formées pour le combat. La nôtre est une assemblée toute philosophique, toute de paix, elle cherche la vérité et le bonheur.

Elle cherche la vérité ! ce n'est pas dire assez : notre assemblée, comme toutes celles qui lui ressemblent, fait plus que chercher la vérité : elle la trouve, puisqu'elle demeure paisible. Voulez-vous, et ceci s'adresse moins à vous qu'à ceux du dehors, voulez-vous connaître l'opinion générale d'une assemblée, le sujet de ses entretiens : n'écoutez pas le langage de ses intérêts, écoutez le langage de ses mœurs; elles seules parlent franchement, sans hypocrisie. Or, que disent nos mœurs ? deux choses qu'il est difficile de ne pas entendre. En premier lieu, les mœurs sont ici homogènes, c'est-à-dire que la masse de celles qui se ressemblent est en immense majorité. En second lieu, elles sont douces et pacifiques ; car, dans cette enceinte, il y a en tout facilité de commerce, confiance, délicatesse, tolérance mutuelle, urbanité et égalité. Eh bien ! les mœurs sont chez nous l'enseigne des opinions ; elles sont le contrôle de nos occupations, l'épilogue de nos entretiens. Ces mœurs, éminemment et constamment pacifiques, prouvent déja que nos discussions sont éminemment et constamment pacifiques comme elles.

Oh ! Messieurs, félicitons-nous bien qu'il en soit ainsi ! car que de discussions n'ont pas été autrefois excitées par ces mêmes questions, quoique toutes de philosophie et de morale, qui aujourd'hui concilient notre attention sans troubler nos sentiments. Que d'hommes illustres par leurs travaux et leur génie ont payé de leur tranquillité, quelques-uns même de leur vie, la gloire de soulever un léger coin de ce voile que, sans inquiétude, sans crainte de blâme, de punitions, d'anathêmes, nous écartons entièrement aujourd'hui ! Socrate n'est-il pas mort pour avoir osé révéler à une ville qui se disait pourtant la métropole de l'esprit humain, des vérités grandes et utiles ?

D'où vient cette différence entre les siècles antérieurs et notre siècle? Elle vient de ce que la démonstration est aujourd'hui le besoin du siècle; il délaisse tout ce qui n'en est pas susceptible, et les hommes ne peuvent disputer que sur ce qui ne peut pas être démontré. En effet, jamais aucune persécution troubla-t-elle les jours d'Euclide ni ceux d'Archimède? Pourquoi? parce qu'il n'y eut jamais d'altercation entre les géomètres. Pourquoi? parce que toute proposition de géométrie est susceptible d'une démonstration exacte et facile, parce qu'elle se montre bientôt revêtue d'évidence, parce qu'elle oblige bientôt tous les esprits à se rendre, et que, par conséquent, elle obtient bientôt le concert de tous les esprits (1). Or, quoi de mieux démontré que les vérités de la philosophie et les lois de

(1) Le sort d'Anaxagore, d'Aristote, de Galilée, de Descartes et de tant d'autres, prouve, il est vrai, que de tout temps on a persécuté les premiers qui ont osé donner des explications naturelles des phénomènes de la nature; mais cela ne prouve autre chose que l'état barbare des nations de ces temps. « Il est toujours injuste, imprudent, dange-
« reux même, dit le docteur Gall, d'intéresser la morale,
« et surtout les religions, à combattre les découvertes phy-
« siques; d'attacher des conséquences dangereuses ou
« funestes à une nouvelle doctrine, parce que, si cette
« doctrine se trouve vraie, elle établit avec elle ses consé-
« quences. Lorsque Galilée, fixant le soleil dans l'espace,
« rendit à la terre le mouvement qu'elle avait reçu de la

la morale, qui, pour nous, sont aussi évidentes que les propositions mathématiques?

La démonstration, ai-je dit, est le besoin du siècle. Oui! tout le monde aujourd'hui est raisonnable. La société tout entière est comme une terre meuble et fertile qui n'attend plus pour être fécondée que la semence heureuse que répand la philosophie. Quoiqu'il existe encore quelques individus d'humeur gothique, ce ne sont plus que d'antiques médailles; elles n'ont plus cours; ceux mêmes qui les estiment, et il en est qui méritent de l'être (1), les laissent dans le médailler. Une seule monnaie est courante et d'un usage universel, c'est la monnaie du siècle, c'est l'instruction, c'est la lumière, c'est la philosophie; tout le monde en veut; elle en porte le type, personne n'ira la changer pour les écus du roi Dagobert.

La certitude par démonstration est donc le caractère des pensées que nous poursuivons; et la preuve, c'est qu'elles nous rendent à la fois satisfaits et tranquiles. D'autres assemblées, dont le but était, comme le nôtre, de s'occuper de questions rela-

« nature, sa découverte fut-elle moins réelle, parce que « son auteur fut accusé d'avancer des opinions contraires « au texte des livres saints. » (*Phisiologie du Cerveau*, ch. III et VI.)

(1) Châteaubriant, La Mennais, Lamartine.

tives à la philosophie, à la politique générale, à la morale, ont tout-à-fait oublié le but de leur institution. Elles ont été dissoutes et ses membres persécutés. Eh bien! Messieurs, ces Sociétés, en s'occupant de choses insolites à leur réunion, en s'écartant des règles du devoir, croyez-vous qu'ils avaient l'ame en paix ceux qui les composaient; croyez-vous qu'ils étaient, comme nous, calmes et pacifiques? Non: ils étaient sortis du domaine des choses démontrées; ils n'étaient plus sur le champ de la philosophie, ils avaient mis le pied sur le terrain de la politique et des passions.

Et vous craignez, Messieurs, que cette circonstance malheureuse ne soit funeste à votre Société. Loin de vous cette idée! Quel est d'ailleurs le fleuve dont les eaux ne roulent pas sur un sol inégal? quel est le fleuve qui ne porte pas, tantôt sur une rive, tantôt sur l'autre, sa trop grande abondance. Cette assemblée, dont je crois être l'interprête en cet instant, proteste contre cette incartade des devoirs les plus sacrés (1).

Je disais que les pensées que nous poursuivons nous rendent satisfaits et tranquiles: tel doit être

(1) Une approbation générale de ces dernières paroles s'est manifestée dans l'assemblée par une acclamation prolongée dont le but ne peut laisser aucune équivoque sur l'intention de ses membres.

jusqu'à la fin de nos réunions le résultat de nos discussions. Quelquefois nous cherchons, nous hésitons; mais notre polémique n'a jamais l'air d'un combat, parce que chacun de nous sent dans son cœur, dans sa conscience, que jamais la démonstration n'est éloignée ou difficile, qu'elle n'est qu'obscure et embarrassée. Les lois de la morale, la philosophie, objets de nos controverses, restant toujours sous les regards de notre pensée, les routes tracées par ces guides invariables appellent nos pas, nous y marchons avec plaisir et fermeté; et, pour cette raison, nous sommes toujours de bon accord pendant le voyage.

Oui, Messieurs, voilà ce qui distinguera toujours nos réunions de celles dont je parlais; voilà ce qui en fera des entretiens véritablement littéraires, scientifiques et philosophiques. Nous resterons en paix entre nous, avec nous-mêmes, et avec tous les sujets de nos méditations; tous, sans exception, parce que nous ne pouvons nous occuper ici que de la vérité. Avons-nous, par exemple, à discuter sur des passions humaines. Eh bien! nous serons loin d'en nier l'existence, d'en méconnaître les effets; mais notre ame doit leur être supérieure pendant tout le temps que nous les examinerons. C'est ainsi qu'un juge, accessible lui-même à toutes les faiblesses de l'humanité, n'en est pas moins, sur son tribunal, un homme sage, un homme calme, qui discute avec impartialité les fautes qu'on lui dénonce, et leur applique, sans passions, la loi générale à laquelle il soumet sa propre conduite, ses propres erreurs.

Sur quoi est fondée la prévention qui vous poursuit? qui peut motiver vos craintes? que fesons-nous ici, Messieurs, et qu'y avons-nous fait jusqu'à présent? quel but nous sommes-nous proposé en nous instituant, et par quels moyens voulons-nous atteindre ce but? quel est enfin l'esprit de nos réunions, et le motif qui nous rassemble?

C'est de travailler au grand édifice du progrès; c'est de chercher à mettre en équilibre par les idées de désintéressement, de dévoûment, d'amour, les idées d'ambition et d'intérêts, les idées d'égoïsme que tous les hommes poursuivent aujourd'hui; c'est de faire ce que n'ont jamais pu toutes les religions et toutes les lois civiles, dans tous les gouvernements de la terre: de ramener l'homme à sa bonté primitive et de faire revivre en lui les lois de la nature dans leur plus grande perfection. C'est de mettre en œuvre tous les raisonnements invincibles, tous les exemples frappants, tous les sentiments bientôt universellement éprouvés. C'est de rallier tous les hommes sous la même bannière, qui est le symbole du bonheur qui attend les hommes de tous les lieux, de tous les climats, de toutes les religions, de toutes les opinions, de toutes les castes : le bonheur de l'instruction. C'est enfin de donner à la grande révolution qui se prépare des idées morales et pacifiques, un corps digne d'elles, un corps aussi inébranlable qu'imposant.

Cette belle intention, Messieurs, aucun de nous ne la déguise ; les autorités la connaissent : nous l'avons manifestée avec une franchise qui était dans notre caractère et nos devoirs. Comment supposer que quelqu'un s'oppose au libre exercice du plus beau des devoirs ? Dans nos conférences, jamais il ne sera prononcé un mot hostile contre les autorités nécessaires ; jamais nous ne nous permettrons d'offenser les hommes attachés à ce que nous regardons comme une nécessité. Mais enfin, c'est la vérité que nous établirons, cette vérité dans toute son étendue, dans toutes ses conséquences ; savoir, que « les hommes ne peuvent être heureux qu'en s'instruisant, s'aimant et s'entr'aidant », et personne ne songera à nous en empêcher.

Non, Messieurs, l'autorité publique ne nous dispersera pas, j'en ai la certitude : je la puise, non dans des promesses explicites (personne, je pense, n'en a demandé), mais dans la situation où se trouvent la philanthropie et la liberté en France ; je la puise dans la pureté de nos intentions ; je la puise enfin dans la situation réelle de toutes les choses qui nous environnent. Tous les hommes, et surtout tous les Français, gouvernants et gouvernés, se confondent aujourd'hui dans un même besoin? celui de s'instruire, de s'aimer et de s'entendre. Or, ce n'est ni la force ni la foi qui peuvent amener au concert de sentiments tout un peuple spirituel, éclairé, judicieux, vif et sensible; c'est uniquement la vérité et l'égalité discutées librement et sans réserve.

Le peuple Français est donc le protecteur des Société philanthropiques, l'excitateur de nos discussions morales. Comment pourrions-nous craindre que l'on ferme le sanctuaire où se fonde le culte universellement désiré.

Messieurs, nous venons de proclamer hautement le but de notre association; craindrions-nous d'en avouer les moyens?

Nous voulons rendre l'homme éclairé, heureux, bienfesant, vertueux.

Que fesons-nous pour y parvenir? nous cherchons premièrement, par l'instruction, à dissiper ses erreurs en détruisant ses préjugés...... Les préjugés! ces fantômes après lesquels l'homme, pour son malheur, n'a jamais cessé de courir; qui, « semblables, dit « le philosophe Hobes, à ces feux trompeurs que « le voyageur rencontre dans sa route, l'effraient, « l'éblouissent, et lui font quitter la route simple « du vrai sans laquelle il ne peut parvenir au bon- « heur. » Les préjugés! mais la lumière, la vérité peut-elle jamais nuire aux hommes? le mensonge leur est-il jamais utile? La vérité n'est que la connaissance des rapports qui subsistent entre l'homme et les choses qui l'entourent et que, pour son bonheur, il est intéressé à connaître; et est-il bien possible qu'il pût résulter du mal de la connaissance de ces rapports? La première est fille du ciel, c'est le principe du bien; le mensonge, c'est le principe du mal, il est né de l'enfer (1).

Nous cherchons, en second lieu, pour y réussir, à adoucir les mœurs par les plaisirs innocents de la vie. L'humanité, cette belle vertu qui embrasse toutes les autres, qui est l'objet de toute sagesse, l'humanité est l'ame du philosophe. L'amitié, l'aimable passion du sage, en qui se trouve la véritable félicité, est un masque pour la plupart des hommes, tandis qu'elle est un devoir pour le philosophe.

Et la charité, Messieurs, comment savez-vous la pratiquer? est-ce en cela seul de donner quelques secours à un indigent, que consiste votre charité? non! mais la vertu que le philosophe se regarde comme obligé de pratiquer, c'est de supporter sans animosité les défauts de ses concitoyens, de sa

(1) De tout temps les moralistes ont regardé l'ignorance, le mensonge et la calomnie comme les trois sources de tout le mal qui se fait sur la terre.

famille, dans la vie civile et dans la vie domestique.

Pour ne laisser aucun prétexte à la calomnie, ne dois-je pas aussi parler de votre morale? ne dois-je pas dire que vous proclamez les deux dogmes qui sont la base de toute morale, en disant à ceux qui regardent encore les philosophes comme des athées: *Si Dieu n'existait pas, il faudrait l'inventer!* Mais ce n'est ni comme auteur de système, ni comme métaphysicien, ni comme théologien, que le philosophe proclame le déisme; mais il le proclame comme cherchant quels sont les principes les plus convenables à l'homme en société. Aux yeux du philosophe tout ce qui est utile au monde, bon dans la pratique, est la vérité. L'idée des deux dogmes dont je parle, est un rappel continuel à la justice; elle est donc sociable et morale. « Qui « donc t'a donné la mission d'annoncer aux peuples « que la Divinité n'existait pas, toi, qui te pas- « sionnes pour cette aride doctrine, et qui ne te « passionnas jamais pour la vérité; toi, qui réduis « l'égoïsme en système, qui regarde la société hu- « maine comme une guerre de ruse; le succès, « comme la règle du juste et de l'injuste; le monde, « comme le patrimoine des fripons adroits (1). Quel

(1) L'auteur de ce superbe morceau d'éloquence a voulu sans doute résumer en ce peu de mots toute l'infame doctrine du baron d'Holbac, l'auteur du *Système de la Nature*.

« avantage trouves-tu donc à persuader à l'homme « qu'une force aveugle préside à ses destinées et « frappe au hasard le crime et la vertu, que son « âme n'est qu'un souffle léger qui s'éteint aux « portes du tombeau? L'idée de son néant lui in- « spirera-t-elle des sentiments plus purs et plus « élevés que celle de son immortalité? lui inspi- « rera-t-elle plus de respect pour ses semblables « et pour lui-même, plus de dévoûment pour sa « patrie, plus d'audace à braver la tyrannie, plus « de mépris pour la mort et pour la volupté? Vous « qui regrettez un ami vertueux, vous aimez à « penser que la plus belle partie de lui-même a « échappé au trépas; vous qui pleurez sur le cer- « cueil d'un fils ou d'une épouse, êtes-vous con- « solés par celui qui vous dit qu'il ne reste plus « d'eux qu'une vile poussière? Malheureux qui « expirez sous les coups d'un assassin, votre der- « nier soupir est un appel à la justice éternelle. « L'innocence sur l'échafaud fait pâlir le tyran sur « son char de triomphe; aurait-elle cet ascendant « si le tombeau égalait l'oppresseur et l'opprimé? » (*Extrait des discours d'un célèbre conventionnel.*)

Messieurs, dans les réglements des Sociétés politiques proprement dites, avec lesquelles vous craignez d'être confondus, où trouvez-vous une loi qui fait un devoir à ses membres de s'instruire et d'instruire les autres, de chercher la vérité partout et de l'enseigner, d'apprendre aux hommes à se soutenir les uns les autres, à s'assister de secours et de conseils dans leur misère, de s'aimer comme des frères, enfin de croire en Dieu et à une autre vie? Votre Société seule s'impose ces lois; elle seule en est capable. Ce sont là tous ses commandements; quatre lui suffisent: ÉCLAIREZ-VOUS, AIMEZ-VOUS, SECOUREZ-VOUS, CROYEZ EN DIEU. Toute la morale est là, en effet; elle y est dans toute sa force. La philosophie que vous représentez si bien, est dénuée de toute force coactive; eh! ne lui faut-il pas, pour se soutenir, des secours de toute espèce tirés de la force morale?

Je trouve encore dans l'histoire des Sociétés philanthropiques et morales des garanties pour l'assurance du maintien de la nôtre. Si le temps et plus encore mes faibles moyens me permettaient de faire cette histoire, vous verriez que, depuis l'antique berceau de la civilisation jusqu'à nos jours, des hommes pacifiques, bienfesants, éclairés, ont de tout temps formé de petites Sociétés pour vivre loin de la discorde, des factions et des calamités. Voyez en effet les gymnosophistes dans les Indes, les esséniens chez les Hébreux, les pythagoriciens en Italie, les thérapeutes en Égypte, les sectes des philosophes en Grèce, et, plus près de nous, les quakres et les dunkars en Pensylvanie; toutes ces sociétés, étrangères les unes aux autres, avaient de commun entre elles, qu'elles se tenaient unies par les liens du désintéressement, de l'austérité de la morale, et des œuvres de bienfesance. Philon, dans son traité *de la Liberté des Gens de bien*, nous dit que ces hommes sages et humains s'éloignaient du commerce des grandes villes pour vivre en commun loin des yeux de la tyrannie; qu'ils tâchaient d'échapper aux troubles, aux factions, à l'insolence, à la rapacité des oppresseurs. Tous surtout eurent la guerre en horreur; ils la regardaient du même œil que nous voyons le vol et l'assassinat sur les grands chemins. Tels furent aussi les gens de lettres qui s'assemblèrent en France et qui fondèrent l'Académie; ils échappaient aux factions et aux cruautés du règne de Louis XIII. Tels furent encore ceux qui fondèrent la société royale de Londres, pendant que « les fous barbares nommés *puritains* et *épiscopaux* s'égorgeaient, dit Voltaire, pour quelques passages de deux ou trois vieux livres inintelligibles ».

Parmi toutes ces sectes, remarquez surtout ces Sociétés des premiers âges, distinguées entre toutes par leurs efforts pour rappeler les hommes à la raison et à la bonne morale; ces fameux mystères tant chantés et révérés de l'antiquité, tant loués par Platon, Cicéron et Plutarque; ces mystères qu'Osiris avait institués en Égypte, Zoroastre en

Perse, Orphée en Thrace, Minos en Crète, Cadmus en Grèce. Ces mystères en grande vénération dans toute la terre connue, ces mystères, au rapport d'Hérodote, de Diodore de Sicile, de Maxime de Tyr, ont été ceux qui ont perfectionné la vie sociale, et qui, mieux que toute chose, ont contribué à adoucir les mœurs barbares des premiers habitants de l'Europe, et à répandre la vérité. Les hommes qui pensaient, ne cherchaient dans ces sociétés, dont les plus grands hommes de l'antiquité fesaient partie, qu'à suppléer à l'insuffisance des gouvernements, des lois, des religions, c'est-à-dire à réformer les mœurs, à adoucir les malheurs de l'existence, et à éclairer l'esprit, qui s'était égaré au milieu des superstitions les plus folles et les plus puériles, dans lesquelles presque tout le genre humain était alors plongé. Ces mystères étaient sacrés pour tous: celui qui était assez malheureux pour en médire, était regardé comme un sacrilége, un impie, un monstre, du vulgaire même dont il perdait la confiance.

Je viens d'énoncer le but de ces sociétés philanthropiques; en quoi le nôtre diffère-t-il? du plus au moins. Ces hommes de l'antiquité ont fait beaucoup pour le bonheur des hommes; on a fait beaucoup depuis eux; mais ils n'ont pas tout fait, et notre tâche est encore d'une bien longue exécution.

Mais nous poursuivrons notre œuvre, Messieurs; nous la terminerons, et, je le répète, cette faculté qu'aucune inquiétude ne doit plus traverser ni dans mon ame ni dans la vôtre, cette faculté est pour la situation de notre Société un témoignage de raison et de liberté.

Cette confiance, je la puise dans le résultat de vos travaux. Qu'avez-vous fait, ou plutôt que n'avez-vous pas fait en choses utiles depuis votre institution? Il serait bien long de l'énumérer. Rappelez-vous seulement que vous venez d'ordonner la publication du travail d'un de vos membres sur une haute question de législation (sur l'*Habeas Corpus* en France), question bien importante, éminemment morale, que vous avez discutée longuement, et dans laquelle nous avons tous la douleur de nous voir devancer par nos voisins. Pendant que votre Commission, composée d'avocats distingués et de moralistes profonds, discutait ce travail, une autre Commission, nommée par vous, s'occupait d'un travail plus modeste, mais aussi utile, et dont les résultats sont déja heureux: elle ouvrait une souscription en faveur des prisonniers acquittés sans antécédents défavorables. Dans une de vos dernières séances, dont chacune est marquée par la bienfesance, un d'entre vous, dont les talents brillent sur une scène plus éclatante, mais non plus féconde en bienfaits, proposait des moyens pour éteindre la mendicité en France autrement que par la privation de la liberté. Enfin, politique générale, législation, économie politique et industrielle, morale publique, lettres, sciences, arts, industrie : voilà l'objet de vos travaux, le sujet de vos entretiens, le but de vos réunions. Lisez le compte-rendu de vos séances, le bulletin général de vos travaux, vous trouverez là toute votre apologie.

Cette confiance, je la puise encore dans la sagesse et la prudence de notre président, qui se trouve à notre égard dans une situation ressemblante à celle de notre médecin. Il nous dira sur nos travaux ce qu'il pense, ce que quelques-uns de nous pourraient désirer qu'il pensât, si ce qu'ils désirent ne lui paraît pas conforme au bien de la Société. S'il aperçoit des erreurs dans notre régime, il nous les indiquera ; il ne flattera rien en nous de ce qui, dans sa prévoyance, pourrait nous devenir funeste, de ce qui pourrait nous conduire par quelques satisfactions actuelles à un accroissement de douleur et de crainte; en un mot, il devra, si le bien général l'y oblige, ne pas craindre de déplaire aujourd'hui à quelqu'un, pour obtenir demain l'augmentation de son estime et sa confiance.

Messieurs, qu'un tel aperçu fasse dissiper les préventions qui pourraient encore poursuivre l'objet de nos réunions ! qu'ils se rassurent, ceux qui ont pu croire que notre champ était le champ des passions ! toute passion est étrangère au philosophe; la politique du philosophe ne peut être que de la science et de la morale ; la politique du philosophe est destinée à calmer les passions politiques ! la politique du philosophe est destinée à ramener vers la modération des idées, vers l'union des sentiments, vers la justice, les ames ardentes qui s'en éloignent. Ayons-en la certitude, Messieurs, quiconque nous aura écouté encore quelque temps, aura fait quelques pas vers cette disposition équitable et pacifique. Après un temps très court, plus d'une prévention sera affaiblie, plus d'un homme sage reconnaîtra qu'il s'était faussement allarmé ; plus d'un homme juste dira qu'il n'y a que raison et unité dans l'objet de nos réunions. Il dira que la philosophie, telle que nous l'entendons est éminemment sociale et pacifique. Il dira que chez nous, dans cette enceinte, le savoir conduit à la vérité, la vérité à la justice, la justice à la sagesse, la sagesse au bon ordre, à la tranquillité, à la bonté.

J'abuse de vos moments et de votre patience, Messieurs; permettez-moi cependant de ne pas m'arrêter avant d'avoir émis le vœu que notre Société se maintienne toujours telle que vous l'avez fondée, c'est-à-dire utile par les lumières qu'elle répand, et la morale publique qu'elle enseigne, agréable par l'union qu'elle entretient, et avantageuse par la paix intérieure qu'elle procure; et, pour cela qu'a-t-elle à faire? qu'elle éloigne toujours les passions funestes de la politique spéciale, cette ennemie du repos et de la félicité de l'homme! qu'elle regarde toujours indifféremment les agitations éternelles de la cupidité et de l'intérêt! que l'ambition et l'avarice frémissent et se brisent à ses pieds! que les remords, les chagrins, les regrets, les inquiétudes et toutes les misères humaines ne lui soient jamais connues! qu'elle soit toujours impénétrable à l'envie, à la médisance, à la haine, à la calomnie et et à tous les vices qui inondent la terre! qu'elle soit toujours comme un vaisseau qui, sur cette mer orageuse, conserve avec confiance les trésors précieux dont il est chargé! qu'il vogue, ce vaisseau, sans trouble au milieu des flots agités! la vigilance leur en défend l'entrée, la raison est sa boussole, et la vertu son pilote; que ses tranquilles passagers ne craignent rien des orages qui l'environnent! cet heureux vaisseau est destiné à ne jamais faire naufrage; l'assurance et la paix y maintiennent une joie pure et inaltérable; et, tandis que tout est agitation au dehors, le calme exilé du reste du monde s'est refugié dans son sein.

Que notre Société, dans toutes ses ramifications, soit surtout progressive avec le temps! qu'elle ne reste jamais en arrière des institutions utiles! que dis-je, en arrière? qu'elle en soit toujours le foyer! que l'ordre des anciens philosophes soit comme une chaîne solide et durable sur laquelle nous ourdirons la trâme qui convient aux différents âges! Rappelons-nous toujours que nous travaillons au grand œuvre du bonheur de l'humanité; n'oublions jamais que nous avons pris pour notre cause tout, généralement tout ce qui tient à ce bonheur. Cette cause est si belle, elle est si juste, elle tient à des intérêts si généraux, qu'il n'est pas un homme qui ne puisse en ressentir les bienfaits : qui donc songerait à nous l'interdire?

Cette cause, Messieurs, c'est celle de tous les hommes, savants et ignorants, riches et pauvres, peuples et rois. Vous! rois, vous que votre position au dessus de vos semblables fait trembler; vous qui n'avez pour appui que la volonté suprême, mais inconstante des nations; vous à qui tout porte ombrage, parce que hier vous n'étiez pas, et que demain vous pouvez ne pas être ce que vous êtes aujourd'hui; vous qui êtes entourés partout de combustibles déja préparés, déja entassés, déja en communication très multipliées, très étendues, n'ayant plus besoin pour faire explosion que d'une étincelle partie d'un point quelconque: nous travaillons aussi pour vous, parce que demain vous pouvez redevenir simples membres de la grande famille.

Vous, peuples, vous qui voulez la liberté et l'égalité : eh bien ! c'est la liberté et l'égalité modèle que nous vous prêchons. Un très petit nombre d'hommes s'opposent à vos vœux et aux nôtres : cette douzaine d'hommes, il est vrai, est organisée depuis des siècles; ils ont pour eux des aristocraties, des trésors, des armées, des ambassadeurs et des congrés ; mais vous, peuples, soyez justes, et vous serez puissants, soyez unis, et vous serez forts, soyez sages, et vous serez heureux.

www.ingramcontent.com/pod-product-compliance
Ingram Content Group UK Ltd.
Pitfield, Milton Keynes, MK11 3LW, UK
UKHW020432220726
13923UKWH00005B/2168

9 782019 268565